Christine Willfurth

Luis WeihnachtsBengel

Für Lina und Paula

Umschlaggestaltung und Grafiken: Christine Pausch, Floß

Christine Willfurth

Luis
WeihnachtsBengel

Ein Adventskalender in 24 Briefen

Erstausgabe

Paulina Verlag, 92637 Weiden

Luis WeihnachtsBengel

8. Auflage, November 2024

© by Paulina Verlag, Tollkirschenweg 2, 92637 Weiden, 2007
Grafiken und Umschlaggestaltung: Christine Pausch
E-Mail: paulina.verlag@gmx.de
www.paulina-verlag.de

ISBN: 978-3-00-022433-1
Printed in Germany

Himmelspforte, 30. November

Liebe Lina,

sicher wunderst Du Dich, dass Du heute einen Brief bekommst. Und noch dazu von jemandem, den Du gar nicht kennst. Mein Name ist Luis und ich bin Dein Weihnachtsengel. Oder besser gesagt – ich sollte Dein Weihnachtsengel sein.

Ich bin vor kurzem acht Jahre alt geworden und wenn Engel acht Jahre alt sind, dürfen sie die großen Weihnachtsengel auf ihren Flügen zur Erde begleiten. Wir helfen dann die Wunschzettel der Kinder einzusammeln, passen auf, dass sich die Kinder nicht verbrennen, wenn sie Adventskranzkerzen anzünden und setzen uns zu ihnen an den Tisch, wenn sie singen oder lesen.

Das ist bestimmt schön und lustig, denn Ihr Kinder könnt uns ja nicht sehen, hihi.

Aber für mich fällt das flach, denn ich habe von Blasius Himmelsarrest bekommen. Blasius ist der Chef der

Weihnachtsengel und sehr streng. Er hat mich erwischt, als ich mir die Weihnachtspäckchen ein bisschen angesehen habe. In einem war so ein ferngesteuertes Auto drin. Und, na ja, ich wollte probieren, ob es überhaupt funktioniert. Nein, das stimmt nicht. Ehrlich gesagt: Es sah toll aus und ich wollte es einfach mal flitzen lassen. Und das habe ich dann auch getan. Wenn ich geahnt hätte, dass das Ding abgeht wie eine Sternschnuppe! Ich schwöre, ich hätte es nicht angerührt.

Jedenfalls brauste das Auto los und ich wusste nicht so genau, wie man es steuert. Ich wollte, dass es eine Linkskurve fährt, aber es fuhr nach rechts. Es war total schnell dran, raste direkt auf den Weihnachtsengel Michael zu und ihm direkt unter den Rock. Das Blöde dabei war, dass Michael gerade einen Eimer Goldfarbe in der Hand hatte. Er wollte unsere Weihnachtsglocke neu streichen. Natürlich erschrak Michael fürchterlich und ließ die Farbe fallen. Noch blöder war, dass in diesem Augenblick Blasius vorbeikam und dem kippte die Farbe über seine neuen Lackschuhe.

Blasius war stinksauer, das kannst Du Dir wohl vorstellen. Er schimpfte: „Du bist kein Weihnachtsengel, sondern ein Weihnachtsbengel. Dich kann man unmöglich auf die Erde lassen!"

Jetzt muss ich die ganze Adventszeit absitzen. Nur wenn ich sehr brav bin, kriege ich das „B" weg und werde wieder ein Weihnachtsengel. Dann darf ich vielleicht an Heiligabend mit den anderen doch noch mitfliegen. Aber ob ich das schaffe? Ich glaube nicht. Ich war doch noch nie so lange brav. Und mir ist auch so langweilig. Aber vielleicht hilft es mir, wenn ich Dir regelmäßig schreibe und Dir erzähle, was hier oben los ist. Wenn ich was zu tun habe, stelle ich bestimmt nicht so viel an.

Ich hoffe, dass Dich der Brief erreicht. Vito, mein Freund und auch ein Weihnachtsengelkind, hat versprochen, bei Dir vorbeizuschauen und Dir den Brief auf Deinen Frühstückstisch zu legen.

Dein

Luis

Himmelspforte, 1. Dezember

Liebe Lina,

heute war ein guter Tag. Na ja, der Vormittag eigentlich nicht so. Ich musste Hausaufgaben nachmachen, denn ich war in letzter Zeit ein bisschen vergesslich. Aber nur deshalb, weil ich mich so darauf gefreut hatte, dass ich mit den großen Weihnachtsengeln mitfliegen darf. Ehrenwort: Sonst bin ich ganz gut in der Schule – außer in Singen, Himmels- und Engelskunde, Turnen, Lesen und Rechnen.

Nachmittags durfte ich dann in der Weihnachtsbäckerei mithelfen. Ich habe zusammen mit den Kleinen Plätzchen gebacken. Wir haben Vanillehörnchen gemacht und Mandelhauben. Ich durfte mit einer Tortenspritze Eischnee auf die Mandelplätzchen spritzen. Aber dabei ist mir was passiert – schon wieder. Was bin ich bloß für ein Tollpatsch!

Ich hielt die gefüllte Tortenspritze in die Luft und wollte ausprobieren, wie sie funktioniert. Ich drückte wohl etwas zu fest. Denn plötzlich zischte eine Eiweißschlange aus der Spritze, flog durch die Luft und landete genau auf der Nase von Aloisius, unserem Bäckermeisterengel.

Alle mussten lachen, nur ich war starr vor Schreck. Aber zum Glück ist Aloisius nicht so streng wie Blasius. Er wischte sich nur das Gesicht ab und sagte: „Schmeckt lecker. Bitte noch eine Portion." Und dann durfte ich ihm tatsächlich noch einen Klecks in den Mund spritzen. Das war so lustig.

Außerdem hat mir Aloisius ein großes „B" gebacken. Darauf hat er mit Zuckerguss die Zahlen von 1 bis 24 geschrieben. Er hat gesagt: „Das ‚B' steht für ‚Bengel'. Davon darfst du jetzt jeden Tag eine Zahl wegbeißen. Und wenn du alle weggegessen hast, bist du wieder ein Engel." Darüber habe ich mich sehr gefreut. Jetzt habe ich einen ganz besonderen Adventskalender.

Die „1" habe ich schon runtergebissen. Aber jetzt bin ich müde.

Bis morgen,

Dein *Luis*

Himmelspforte, 2. Dezember

Liebe Lina,

heute war bei uns der Bär los. Oder besser gesagt, ein Vogel. Ein Weihnachtsengel hatte von seinem Flug auf die Erde einen halb erfrorenen Papagei mitgebracht. Wahrscheinlich war der aus einer Wohnung ausgebüxt. Blasius war von der Idee, ein Tier aufzunehmen, überhaupt nicht begeistert. Kannst Du Dir ja vorstellen. „Wir sind hier im Himmel und nicht in einem Tierheim", schimpfte er.

Aber das Tollste kommt noch. Der Papagei konnte sprechen! Und ich sage Dir, Wörter hat der gebraucht, die darf ein Engel gar nicht in den Mund nehmen.

Als Blasius losschimpfte, ist der Papagei nämlich wütend geworden. Er schlug mit den Flügeln und schrie plötzlich: „Halt die Gosch'!" Wir haben erst nicht verstanden, was er meinte. Aber Xaver, unser Sprachenengel, sagte: „Das ist Bairisch." Blasius wollte nun wissen, was der

Papagei gesagt hatte. Da druckste Xaver ganz komisch herum, so als wollte er es lieber für sich behalten. Aber Blasius bestand darauf, dass er es übersetzte. „Also, das heißt", sagte Xaver schließlich: „Halt die Klappe!"

Blasius ist ganz rot angelaufen und Xaver hat schnell ein paar Kreuzzeichen gemacht. Aber dem Papagei hat das jetzt wirklich Spaß gemacht. Er hat nun nacheinander alle schlimmen Wörter aufgezählt, die er kannte. Und das waren echt eine ganze Menge. (Auch das Wort, das mit Sch... anfängt, war dabei.)

„Weg mit diesem Tier. Das verdirbt uns die Engelkinder", schrie Blasius. Ein paar Weihnachtsengel haben beraten, was mit dem Papagei geschehen soll. Sie kamen zu dem Ergebnis, dass er am besten in der Schreinerei aufgehoben sei. Dort ist es meistens laut und man hört nicht, wenn er schlimme Wörter sagt.

Bin ja gespannt, ob das funktioniert. Schließlich machen die Schreinerengel auch mal Pause. Jedenfalls werde ich jetzt öfter mal in der Schreinerei vorbeischauen. Nur so aus Interesse und weil ich schon immer was über Papageien wissen wollte.

So, und jetzt knabbere ich die Nummer zwei von meinem Adventskalender an und dann gehe ich ins Bett.

Bis morgen,

Dein

Luis

Himmelspforte, 3. Dezember

Liebe Lina,

wenn Blasius von meinen Briefen an Dich erfährt, kriege ich 700 Jahre Flugverbot, denn ich darf Dir eigentlich gar nicht schreiben. Deshalb bin ich heute furchtbar erschrocken. Ich saß gerade in meinem Zimmer am Computer und schrieb den Brief an Dich, als plötzlich die Tür aufging. Mir rutschte fast das Herz in die Rocktasche, denn da stand Blasius.

Im ersten Moment dachte ich: „Jetzt ist es aus." Aber dann kam mir eine gute Idee. Ich beugte mich unter den Schreibtisch und schaltete einfach den Computer aus. Bevor Blasius auch nur eine Zeile auf dem Bildschirm lesen konnte, stürzte der Computer ab und Blasius konnte bloß noch auf einen schwarzen Monitor starren. Er schaute verdutzt und fragte: „Was machst du denn da, Luis?" Weil er es aber in einem freundlichen Ton sagte, wusste ich sofort, dass er gar nicht gemerkt hatte, was vor sich ging. Ich sagte: „Der Rechner ist abgestürzt." Und da habe ich nicht einmal gelogen, oder? Jedenfalls war Blasius mit meiner Antwort zufrieden. Er nickte verständnisvoll und sagte seufzend: „Ja, ja, die Technik." Dabei kennt er sich mit Technik gar nicht aus und mit Computern schon gar nicht. Er ist ja auch schon viel zu alt dafür.

Dann allerdings kam der zweite Schock. Blasius war nämlich aus einem bestimmten Grund zu mir gekommen. Er hatte eine unangenehme Aufgabe für mich. „Übermorgen kommt der Nikolaus, Luis. Ich dachte, du könntest für den Heiligen Mann ein schönes Nikolausgedicht schreiben. Aber streng dich an!"

Da saß ich nun und hätte heulen können. Ich hatte keine Ahnung, wie man ein schönes Nikolausgedicht schreibt. Aber nach einer Weile fiel mir dann doch eines ein und das geht so:

> *Die Pferde gehn auf Hufen.*
> *Der Schlitten läuft auf Kufen.*
> *Die Katze hat 'ne Tatze*
> *und Nikolaus 'ne Glatze.*

Das klingt richtig gut, finde ich. Aber ich werde es morgen trotzdem lieber noch meinem Freund Vito zeigen. Der kennt sich in solchen Dingen besser aus. Der ist ja schon ein richtiger Weihnachtsengel, ich dagegen bloß ein Bengel.

Dabei fällt mir ein, die Nummer drei von meinem „B" muss ich noch essen.

Dann also bis morgen,

Dein

Luis

DIE PFERDE GEHN
AUF HUFEN.
DER SCHLITTEN LÄUFT
AUF KUFEN.
DIE KATZE HAT
'NE TATZE
UND NIKOLAUS
'NE GLATZE

Himmelspforte, 4. Dezember

Liebe Lina,

heute morgen gleich nach dem Aufstehen habe ich Vito mein Nikolausgedicht vorgelesen. Die Stelle, wo es heißt „Die Katze hat 'ne Tatze, der Nikolaus 'ne Glatze" hat ihm besonders gut gefallen. Trotzdem meinte er, dass ich das Gedicht auf keinen Fall am Nikolausabend vortragen könne. „Da bekommst zu deinem Himmels- auch noch Stubenarrest", sagte er. „Warum kann ich das Gedicht nicht vortragen?", fragte ich ihn. „Na, weil es nicht gerade fromm ist. Außerdem könnte der Nikolaus beleidigt sein. Männer sind nicht froh über eine Glatze. Und ich glaube, der Nikolaus hat auch nicht gerne so ein Schiebedach", antwortete Vito.

Ich habe dann ein bisschen nachgedacht und bin zu dem Schluss gekommen, dass Vito Recht hat. Denn Blasius hat auch so ein „Schiebedach" und ist damit gar nicht glücklich. Ich habe ihn schon mal heimlich beobachtet, wie er sich ein paar Tropfen Weihwasser darauf gespritzt hat. Er hat wohl gehofft, dass ihm dann die Haare wieder wachsen.

Dann habe ich den ganzen Vormittag versucht, neue Gedichte zu schreiben, aber sie sind alle im Papierkorb gelandet. Irgendwann bin ich ganz verrückt davon geworden, weil mir nichts Frommes einfallen wollte. Nach dem Mittagessen konnte ich dann einfach nicht mehr. Statt an meinen Schreibtisch zurückzukehren, ging ich in die Schreinerei, um nach dem Papagei zu sehen. Ich habe jetzt herausgefunden, dass es ein Graupapagei ist. Die gibt es in Afrika. Komisch eigentlich. Ich wusste gar nicht, dass man dort Bairisch spricht.

Ist ja auch egal, zur Zeit lernt er jedenfalls „Schreinerisch". Er kann jetzt ein paar Fachwörter, die die Schreinerengel bei ihrer Arbeit benutzen, wie zum Beispiel Hammer, Säge oder Bohrer. Das Lustige dabei ist, er verbindet sie mit den Schimpfwörtern, die er schon vorher kannte. Da kommen dann so Sachen raus wie „Du Hammerkopf" oder „Alte Sausäge".

Normalerweise würde ich mich dabei halb totlachen, aber heute bin ich zu traurig. Wie soll ich nur bis morgen ein anständiges Gedicht bekommen? Nicht einmal die „4" von meinem „B" schmeckt mir.

Hoffentlich bis morgen,

Dein
Luis

Himmelspforte, 5. Dezember

Liebe Lina,

letzte Nacht habe ich kaum geschlafen, weil ich immerzu an das Nikolausgedicht denken musste. Ich bin deswegen auch ganz früh aufgestanden und habe mich noch vor dem Frühstück an den Schreibtisch gesetzt. Aber mir fiel immer noch nichts Passendes ein und der Papierkorb quoll über. Zum Glück tauchte irgendwann Vito auf. Er brachte mir ein Buch, das voller Nikolausgedichte und -geschichten war. „Notfalls kannst du ja was abschreiben!", raunte er mir zu.

Ein Gedicht einfach abschreiben wollte ich aber lieber nicht. Das würde bestimmt auffallen. Ich dachte: „Sicher kennt der Nikolaus sämtliche Gedichte, die man über ihn geschrieben hat." Aber noch mehr Angst hatte ich davor, dass Blasius es bemerken würde.

Als ich das Buch durchblätterte, kam mir jedoch die Idee, mehrere Nikolausgedichte zu einem einzigen

Gedicht zusammenzumixen. Ich suchte zunächst vier verschiedene Gedichte aus, die besonders fromm klangen, und schrieb daraus jeweils einen Satz ab. Danach bastelte ich die Sätze aus den verschiedenen Gedichten zu einem neuen zusammen. Das Ganze reimte sich zwar nicht immer, aber wenigstens hatte ich nun eines.

Dann war Mittagszeit. Es gab Knödel und Schweinebraten – meine Lieblingsspeise. Ich hatte aber keinen Appetit darauf, so nervös war ich wegen der Nikolausfeier. Nach dem Essen legte ich mich nochmal ins Bett. Ich war sehr müde, konnte aber wieder kein Auge zukriegen.
Kurz vor vier Uhr machte ich mich dann schweren Herzens auf zur großen Nikolausfeier. Sie begann wie jedes Jahr mit einem Lied unseres Engelchores und einer kurzen Weihnachtsgeschichte, die die kleinen Engel vortrugen. Dann war ich an der Reihe. Ich musste vor den Nikolaus treten. Als ich vor ihm stand, griff ich in meine Rocktasche und holte den Zettel mit dem Gedicht heraus. Aber als ich den Zettel auffaltete, wäre ich am liebsten tot umgefallen. Ich musste in der Aufregung den falschen Zettel eingepackt haben, denn auf dem

Papier standen lauter Rechenaufgaben aus einer alten Schulübung.

Verzweifelt schaute ich zu Blasius hinüber, aber der blickte streng zu mir zurück. Ich schielte zu Vito, aber der schnäuzte sich gerade. Dann schaute ich den Nikolaus an. Er lächelte freundlich und plötzlich – es war wie ein Wunder – fiel mir ein Nikolausgedicht ein. Und ich fing einfach an zu sprechen:

> *Lieber, heiliger Nikolaus,*
> *heut' gehst du von Haus zu Haus.*
> *Besuche auch die armen Kinder,*
> *die nichts zu essen haben,*
> *und bringe ihnen reichlich Gaben.*

Ohne auch nur einmal zu stottern, sagte ich das ganze Gedicht auf. Als ich fertig war, strich mir Nikolaus sanft über den Kopf: „Aus dir wird bestimmt ein guter Weihnachtsengel, Luis." Dann griff er in den Sack und gab mir ein großes Päckchen. Es war voller süßer Sachen und ein Kartenspiel war auch drin.

Aber am meisten freue ich mich darüber, dass dieser Tag um ist. Heute werde ich bestimmt gut schlafen, aber vorher esse ich noch die „5" vom „B" auf.

Bis morgen,

Dein

Luis

Himmelspforte, 6. Dezember

Liebe Lina,

heute habe ich eine kleine Bengelei gemacht. Aber sie war nicht schlimm und außerdem war sie für einen guten Zweck. Ich habe dabei auch gar nicht an mich gedacht, sondern nur an Lucio. Lucio geht mit mir in die Klasse und ist der beste Harfenspieler von allen. Blasius sagt, er spielt sogar jetzt schon besser als viele erwachsene Engel und dass er ein großes Talent ist.

In unserer Klasse wird Lucio deshalb von den meisten beneidet, aber er selbst findet es gar nicht so toll, ein Talent zu sein. Vor allem vor Weihnachten ist es ganz schrecklich für ihn, weil er nur noch harfen muss. Er hat jede Menge Auftritte und daneben muss er noch üben. Vor kurzem hat er bei einem Konzert ein bisschen daneben geharft und weil das beim nächsten Mal nicht wieder vorkommen darf, muss er diese Woche jeden Nachmittag nach den Hausaufgaben drei Stunden lang üben. Ich finde das ganz schön gemein, denn er hat ja gar kein Zeit mehr zum Spielen.

Lucio ist deswegen sehr traurig. „Ich wäre viel lieber ein so frecher Engel wie du, Luis", hat er gesagt. Und ich habe ihm gesagt: „Und ich helfe dir, einer zu werden. Wir fangen gleich damit an. Statt Harfe wirst du mit mir Karten spielen." Lucio blickte mich erschrocken an: „Aber das wird Blasius mitbekommen. Er lauscht doch ständig an meiner Tür und kontrolliert, ob ich wirklich übe." Ich hatte aber schon einen Plan und sagte: „Trotzdem wirst du heute nur eine halbe Stunde hinter deiner Harfe sitzen."
Dann holte ich den neuen Kassettenrekorder, den ich zu meinem Geburtstag im November geschenkt bekommen habe. Darauf nahm ich eine halbe Stunde lang Lucios Harfenspiel auf. Die Kassette ließen wir dann den ganzen Nachmittag lang immer wieder von vorne ablaufen. Und wir vergnügten uns in der Zwischenzeit mit dem Kartenspiel, das ich vom Nikolaus bekommen habe. Leider habe ich dabei fast immer verloren, weil ich nie die richtigen Wunschkarten hatte. Aber es hat trotzdem Spaß gemacht.

Am Abend ist dann auch noch was Schönes passiert. Vito und ich haben eine Kissenschlacht gemacht, dass die Federn geflogen sind. Vitos Kopfkissen hatte nämlich ein kleines Loch und daraus wirbelten lauter kleine Daunen. Und als Vito das bemerkte, schüttelte er das Kissen ganz heftig und rief dazu: „Ich bin Frau Holle und lasse es schneien. Die Kinder sollen endlich mal wieder weiße Weihnachten haben." Er hat geschüttelt, bis sein Kissen ganz dünn geworden ist.

Jetzt ist es spät geworden. Ich mache nur noch „Knusper, knusper, Knäuschen" an meinem „B" und dann lege ich mich auf meine Bengelohren.

Bis morgen,

Dein

Luis

Himmelspforte, 7. Dezember

Liebe Lina,

Oh Gott, war das ein Tag! Ich habe was angestellt und diesmal war es etwas Schlimmes. Aber es ist nur passiert, weil wir heute überraschend schulfrei bekamen. Plötzlich hatten so viele Kinder Briefe an das Christkind geschrieben, dass unsere Weihnachtsengel schon am Vormittag einen Sondereinsatz fliegen mussten. Ach, wie gerne wäre ich dabei gewesen. Ich dachte: „Da hat man mal keine Schule und dann kann man es gar nicht genießen."
Zuerst habe ich in meinem Zimmer ein bisschen gelesen. Nach einer Weile habe ich jedoch gemerkt, dass ich Bewegung brauchte. Ich wollte Flugübungen machen – für den Fall, dass ich an Heiligabend doch noch mit auf die Erde darf.
Deshalb bin ich in die große Eingangshalle gegangen. Die Eingangshalle ist über 30 Meter hoch und man kann dort auch gefährliche Sachen ausprobieren, wie Sturzflüge und Slalom durch die Kronleuchter. Ich war gut in

Form und machte eine Stunde lang das ganze Programm durch.

Irgendwann brauchte ich eine kleine Pause. Und da passierte es: Ich setzte ich mich auf den großen Zeiger der Uhr in unserer Eingangshalle. Es war gerade dreiviertel elf, der große Zeiger stand also ganz waagrecht. Dazu muss man sagen, dass dieser große Zeiger fast zweieinhalb Meter lang ist und die Uhr einen Durchmesser von fünf Metern hat. Trotzdem war es keine gute Idee, den Zeiger als Bank zu benutzen.

Ich saß also da und genoss die Aussicht, die man von hier oben hatte. Es waren etwa zehn Minuten vergangen, da fiel mir auf, dass sich der Zeiger ja gar nicht mehr weiterbewegt hatte. „Ich habe die Uhr kaputt gemacht", glaubte ich und hüpfte erschrocken auf. Doch ich hatte Glück. Nachdem ich aufgestanden war, lief die Uhr normal weiter. Aber da wusste ich noch nicht, was ich wirklich angerichtet hatte. Wie konnte ich auch ahnen, dass diese Uhr mit sämtlichen Uhren in Himmelspforte verbunden ist?

Während ich also auf dem Zeiger saß, blieb nicht nur diese Uhr, sondern blieben gleichzeitig alle anderen

Uhren im Haus stehen. Und man kann sich gar nicht vorstellen, was so ein bisschen stehengebliebene Zeit alles anrichten kann. Ich fasse es nur kurz zusammen, aber der Schaden war riesig. In der Bäckerei kamen die Stollen kohlrabenschwarz aus dem Ofen. Der Küchenmeister kochte die Eier, dass sie hart wie Tennisbälle waren. Aber am schlimmsten traf es die Engel von der Wäscherei. Sie hatten gerade Blasius' wollene Unterhosen im Wäschetrockner. Die sind jetzt so geschrumpelt, dass nur noch ein Engelbaby-Po reinpasst.

Wie kann ich das nur alles wieder gut machen? Die meisten Vorwürfe aber mache ich mir wegen der Kinder. Überall auf der Welt werden sie heuer ihre Geschenke etwas später bekommen. Oder soll ich die Uhr jetzt wieder zehn Minuten nach vorne drehen? Lieber nicht. Sonst passiert vielleicht noch mehr. Ich glaube, ich schlafe eine Nacht darüber. Aber vorher werde ich noch die Nummer sieben anknabbern.

Bis morgen,

Dein *Luis*

Himmelspforte, 8. Dezember

Liebe Lina,

ich habe gerade dem Christkind einen Wunschzettel geschrieben. Ich dachte: „Wenn Menschenkinder das machen, kann ich es auch probieren."
Ich suchte das feinste Briefpapier dafür aus, das ich auftreiben konnte. Der Rand des Briefbogens war mit vielen kleinen Glitzersternen bedruckt und in der rechten Ecke oben war ein blaues Pferd mit Flügeln eingeprägt. Ich finde, dass ein Wunschzettel an das Christkind besonders schön geschrieben sein sollte. Deshalb habe ich auch keinen Computer benutzt, sondern mit der Hand geschrieben. Ich habe sogar meinen Füller genommen. Vorher habe ich ihn extra mit Goldtinte gefüllt. Dann fing ich an:

Liebes Christkind,

wie geht es Dir? Bist Du sehr im Stress? Mir geht es nicht so gut. Ich sollte näm-

lich schon längst ein Weihnachtsengel sein. Aber ich stelle dauernd was an und deshalb darf ich nicht mit den anderen zur Erde fliegen.

Nun habe ich gehört, dass Du Wünsche erfüllen kannst.

Vielen Kindern auf der Erde machst Du damit Freude.

Kannst Du auch die Wünsche eines Weihnachtsengels erfüllen? Wenn ja, dann würde ich mich riesig freuen.

<u>Und das sind meine Wünsche:</u>

Ich möchte an Heiligabend ein richtiger Weihnachtsengel sein und mit den anderen auf die Erde fliegen.

Außerdem hätte ich gerne noch eine Packung Magnetsticks und ein Experimentierlabor.

Ich hoffe, dass Dich der Brief erreicht und dass Du Zeit hast, über meinen Wunsch nachzudenken.

*Viele liebe Grüße
Dein Luis,
Weihnachts(b)engel*

Den fertigen Brief steckte ich in ein goldenes Kuvert. Dann malte ich vorne in großen Buchstaben „AN DAS CHRISTKIND" darauf. Anstelle der Briefmarke klebte ich einen Sticker mit einem Engel auf. Der Engel sollte ich sein.

Aber nun habe ich ein echtes Problem: Bei uns gibt es kein Postamt. Und den Brief vor die Haustür legen geht auch nicht. Dort ist ja nur das Weltall und im Weltall segelt mein Brief in die Unendlichkeit davon. Ich stelle mir gerade vor, was da so alles passieren kann. Vielleicht fliegt er einem Astronauten auf die Nase oder einem Marsmännchen in die Suppe. Dann habe ich vielleicht neuen Ärger am Hals.

Am besten ich frage Vito oder Lucio. Die kennen sich mit sowas aus. Sie bringen schließlich jeden Tag Briefe ans Christkind von der Erde mit. Aber damit muss ich bis morgen warten. Deshalb mache ich mich jetzt lieber in die Koje mit meiner Nummer acht.
Ach ja, Zähneputzen sollte ich nicht vergessen.

Bis morgen,

Dein

Luis

Himmelspforte, 9. Dezember

Liebe Lina,

heute habe ich den Brief an das Christkind abgeschickt. Vito wusste natürlich, wie es geht. „Das haben wir doch auch schon in Engels- und Himmelskunde durchgenommen", sagte er. Aber ich kann mich daran nicht erinnern. Ist jetzt auch egal. Ich weiß ja inzwischen, wie der Brief zum Christkind kommt: Man schickt ihn mit einer Rohrpost. So eine Rohrpost gibt es bei uns in einem Nebenraum des Himmelbüros. Sie besteht aus zwei nebeneinander laufenden Röhren. Eine ist zum Versenden von Briefen, die andere, um Post zu empfangen.

Die beiden Röhren sind an der Wand befestigt. Sie führen die Wand hoch und verschwinden dann in der Zimmerdecke. „Im nächsten Stock gehen sie weiter", sagte Vito, „dann im übernächsten, im überübernächsten und so weiter. Irgendwann enden sie beim Christkind." Ich staunte: „Du meinst, diese Rohre führen direkt zum

Christkind?" „Ich glaube, nicht direkt zu ihm, aber in sein Vorzimmer", antwortete Vito.

Dann probierte ich die Rohrpost aus. Ich legte meinen Brief in eine Art Dose. Vito sagte, man nennt das „Büchse". Dann stellte ich die Rohrbüchse auf eine Art Platte unter die Röhre zum Versenden der Post. „Drück den grünen Knopf", sagte Vito.

War das ein Spaß! Kaum hatte ich den Knopf gedrückt, wurde die Büchse in die Röhre gezogen und flitzte mit einem Himmelstempo durch die Röhre davon. Weil die Rohre durchsichtig sind, konnte man das genau sehen. Einfach toll! Wenig später kam dann die Büchse leer in der anderen Röhre zurück.

Ich fand das so toll, dass ich es gleich nochmals machen wollte. Zufällig hatte ich in meiner Tasche eine Erdnuss. Die wollte ich dem Christkind schicken. Ich legte sie in die Postdose, dann zählte ich rückwärts von zehn bis null. Das macht man auch, wenn man eine Rakete startet. Bei „Null" zündete ich die Postrakete.

Sie sauste los und war in wenigen Sekunden verschwunden. „Start geglückt. Rakete ist außer Sichtkontakt", rief Vito. Diesmal dauerte es etwas länger, bis die leere Rohrbüchse zurückkam. Dafür lag ein Zettel darin. Darauf stand:

„Das hier ist ein Überfall! Habt ihr noch mehr Nüsse? Dann sofort her damit. Brauche dringend Gehirnnahrung."

„Meinst du, das hat das Christkind geschrieben?", fragte ich. „Wenn es das war, ist es aber echt gut drauf", meinte Vito. Wir leerten dann beide unsere Taschen. Wir hatten noch zwei Walnüsse und einen Kaugummi. Die schickten wir nach oben. Natürlich machten wir das nacheinander, weil es so mehr Spaß machte. Außerdem hofften wir, dass nochmals ein lustiger Zettel zurückkommen würde. Es kam aber keiner mehr.

Vito und ich beschlossen daraufhin, selbst eine Rohrpost zu bauen. „Wir könnten sie aus leeren Klopapierrollen machen", sagte ich. Wir suchten nun in sämtlichen Toiletten nach leeren Rollen. Leider fanden wir nicht genug. Aber wir werden in den nächsten Tagen fleißig welche sammeln. „Ich werde einfach öfter aufs Klo gehen", sagte Vito.

Nun aber ist es genug für heute.

> Nur noch schnell die „9" gegessen.
> Darauf bin ich jetzt versessen.

Bis morgen!

Dein

Luis

Weihnachtsengel und Raketenstarter

Himmelspforte, 10. Dezember

Liebe Lina,

heute wachte ich auf und mir war speiübel. Kopfweh hatte ich auch und der Hals tat weh. Das Schlimmste aber war, mein Gesicht war über und über mit kleinen Pusteln übersät. „Du siehst aus wie ein Streuselkuchen, nur nicht so lecker", sagte Vito. Mir war aber überhaupt nicht nach Späßen zumute. Ich bin auch gar nicht aufgestanden. Das Frühstück habe ich ausfallen lassen, was bei mir selten vorkommt. Ich schickte Vito zu Blasius. Er sollte ihm ausrichten, dass ich krank sei. Blasius dachte zuerst, ich hätte nur zu viele Plätzchen gegessen. Aber als er mein Streuselkuchengesicht sah, wusste er, dass ich wirklich krank war. Er ließ einen Medizinengel kommen.

Der Medizinengel hieß Sanus. Das ist ein lateinischer Name und heißt so viel wie „der Gesunde ". Sanus war sehr nett. Mit einem Stethoskop hörte er meine Lungen und mein Herz ab. Das kitzelte, tat aber nicht weh.

Dann schaute er in meinen Mund und in die Ohren. „Die gehören sich mal gewaschen, aber sonst sind sie in Ordnung", meinte er. Als er mit der Untersuchung fertig war, stellte er fest, dass ich Windpocken hätte. „Die sind harmlos. Morgen geht es dir schon wieder besser", versuchte er mich zu beruhigen.
Ich sollte aber zwei Tage lang im Bett bleiben. Heute fiel mir das nicht schwer. Ich war so müde. Gleich nachdem Sanus weg war, schlief ich wieder ein und ich träumte einen seltsamen Traum.

Ich saß am Steuer einer Rakete und neben mir saß Vito. Er war der Kommandant. „Nehmen Sie Kurs Richtung Mars", befahl er mir. Als wir auf dem Mars gelandet waren, empfing uns eine Schar kleiner Männchen. Sie waren aber nicht grün, wie immer behauptet wird. Die Frauen waren rosa-blau gestreift und die Männer blau-weiß kariert. Die Marsleute waren sehr freundlich und luden uns zum Essen ein. Es gab Nudelsuppe. Ich probierte einen Löffel davon. Sie schmeckte gut und ich wollte noch mehr. Plötzlich lag in meinem Teller ein Brief. Ich erkannte ihn. Es war mein Brief ans Christkind. Er sah völlig zerfleddert aus.

„Das ist ja schrecklich", dachte ich und wachte vorsichtshalber auf.

Doch der Alptraum ging weiter, nur diesmal in der Wirklichkeit. Denn als ich aufwachte, saß auf meiner Bettkante Vito. Er hielt meinen Christkindbrief in Händen. „Es ist was schief gegangen, Luis", sagte er. „Der Brief ist nicht beim Christkind angekommen, sondern bei den Jugendlichen im vierten Stock. Von denen war auch der Zettel mit dem Überfall." Ich blickte den Brief an. Der Umschlag war über und über voll gekritzelt mit Sprüchen wie „I love you" und jemand hatte „Angela + Pius" draufgeschrieben und ein Herz darum gemalt. Vollkommen doof war das, aber wenigstens hatten sie ihn nicht geöffnet. Ich war fix und fertig.

Da sagte Vito: „Guck nicht so traurig. Ich bringe das in Ordnung. Ich lege deinen Brief heute Abend in den Stapel mit den Briefen, die von den Menschenkindern kommen. Dann ist er morgen früh ganz sicher beim Christkind." Vito besorgte sogar einen frischen Briefumschlag und er adressierte den Brief für mich neu.

Jetzt bin ich so k.o.!

Ich möchte nur noch schlafen. Ich habe nicht einmal mehr Appetit auf meinen Adventskalender.

Bis morgen,

Dein

Luis

Himmelspforte, 11. Dezember

Liebe Lina,

heute ist es mir schon wieder ganz gut gegangen. Ich habe trotzdem noch den ganzen Tag im Bett bleiben müssen. Damit es mir nicht langweilig wurde, machte ich Pläne für die Rohrpost, die ich zusammen mit Vito aus Klopapierrollen bauen wollte. Ich zeichnete drei verschiedene Skizzen, eine davon für eine Anlage, die über zwei Stockwerke und um die Ecke ging. Ich stellte mir vor, ich sei Bauingenieur. Ich habe sogar ausgerechnet, wie viele leere Klorollen wir brauchen: 3472 ganze und eine halbe. Bei diesem Ergebnis bin ich selbst ein wenig erschrocken. Denn wir hatten erst 25 Stück gesammelt.

Nachmittags kam dann Lucio vorbei. „Musst du nicht harfen?", fragte ich. „Das macht heute mein Freund, der Kassettenrecorder", antwortete Lucio. Plötzlich hatte ich ein schlechtes Gewissen, weil ich ihm die Bengelei mit dem Kassettenrecorder beigebracht hatte. Ich fürchtete, Lucio würde vielleicht ganz aufhören mit dem

Harfespielen. Und das wäre ja schade, wo er doch so gut harft. Aber Lucio beteuerte, dass er nur eine kleine Pause brauche: „Dann macht es mir auch wieder Spaß." Zuerst wollte Lucio wieder mit mir Karten spielen. Aber dann entdeckte er die Skizzen von der Rohrpost. Ich erzählte ihm, dass Vito und ich vorhatten, eine zu bauen. Da wollte er auch mitmachen. „Leider haben wir noch ein Problem mit der Materialzulieferung. Deshalb kann das Projekt nicht beginnen", sagte ich und fühlte mich wieder wie ein Bauingenieur. Das kapierte Lucio nicht. „Ich will damit sagen, dass wir nicht genug Klorollen haben." Da schlug Lucio vor, welche von der Erde mitzubringen.

Klorollen von der Erde mitbringen? Ich dachte, ich höre nicht richtig. Lucio ließ sich aber nicht beirren. „Klorollen sind doch Müll", sagte er. „Und Müll haben die auf der Erde ohnehin viel zu viel."

Als ich Lucio sagte, dass wir 3472 ganze und eine halbe bräuchten, wurde er ganz blass um die Nase: „Was, so viele?" „Bring einfach mit, was du schaffst", sagte ich. „Wir können ja auch eine kleinere Rohrpost bauen."

Den restlichen Nachmittag habe ich geschlafen, deshalb bin ich jetzt gar nicht richtig müde. Aber ich muss trotzdem versuchen zu schlafen, denn morgen muss ich wieder in die Schule. Und meinen Adventskalender? Soll ich den noch anknabbern? Nein, heute habe ich noch keinen richtigen Appetit.

Bis morgen,

Dein

Luis

Himmelspforte, 12. Dezember

Liebe Lina,

heute bin ich wieder zur Schule gegangen. Wir hatten zwei Stunden Engels- und Himmelskunde. Aurelius, unser Fachlehrerengel, erklärte uns, wie auf der Erde in den verschiedenen Ländern Weihnachten gefeiert wird. So weiß ich jetzt, dass es in Australien zur Zeit Sommer und dort fast 40 Grad heiß ist. In Australien, musst Du wissen, bringt der Weihnachtsmann die Geschenke. Die meisten Weihnachtsmänner haben unter ihren roten Wollhosen und -jacken eine Badehose an. Denn nach der Bescherung gehen sie an den Strand.

Dann stellte uns Aurelius verschiedene Fragen, zum Beispiel: „In welchem Land wünschen sich die Leute ‚Feliz Navidad' an Weihnachten?" (Richtige Antwort: In Spanien), oder „Wo bringt Väterchen Frost die Geschenke?" (Richtige Antwort: In Russland) oder „Wo feiert man kein Weihnachten?" (Richtige Antwort: Zum Beispiel in China). Bei der letzten Frage hatte ich falsch

getippt. „Dass man Weihnachten nicht feiert, kann es gar nicht geben", dachte ich mir.
Später hatten wir noch Mathematik. Ich machte ganz wenig Fehler. Bestimmt lag es daran, dass ich die letzten Tage so viel gerechnet habe – wegen des Klopapierrollenrohrpostanlagenprojektbauplanes.

Am Nachmittag waren Vito und Lucio nicht da. Vito musste wieder zu einem Sondereinsatz – diesmal nach Norditalien. Und Lucio zu einer Orchesterprobe. Mir fiel deshalb nur der Papagei ein. Ich besorgte in der Küche ein paar Erdnüsse für ihn. Bestimmt würde er sich darüber freuen. Aber er freute sich nicht besonders. Er begrüßte mich, wie man es von ihm gewohnt war. „Alter Dummdübel", krächzte er nur, als ich ihm die Nüsse vor den Schnabel hielt. Und dann fing er an, mir seine sämtlichen Schimpfwörter aufzuzählen.
Sonst gab es heute nichts Besonderes mehr, außer dass zwei Engelkinder in der Speisekammer Plätzchen gemopst haben. Eines davon ist dabei in eine Mausefalle getapt, die Bäckermeisterengel Aloisius wegen der vielen Weihnachtsmäuse aufgestellt hatte. Jetzt haben die zwei Plätzchendiebe bis Weihnachten Naschverbot.

Aber ich darf, weil ich die letzten Tage krank war, jetzt gleich drei Stücke von meinem „B" abbeißen, die Nummer zehn, die elf und die zwölf.

> Da sagte einst der Mond zum Kalb:
> „Jetzt ist das „B" ja nur noch halb".

Dein

Luis

Himmelspforte, 13. Dezember

Liebe Lina,

die Windpocken sind wieder weg. Nur eine Pustel habe ich noch. Leider ist die ziemlich hässlich und sitzt außerdem genau auf meiner Nasenspitze. Wenn ich sie noch länger habe, fange ich bestimmt an zu schielen. Ich muss sie nämlich immerzu anschauen und dabei verdrehen sich meine Augen ganz komisch.

Ich habe auch Angst, dass mich die anderen in der Klasse deswegen auslachen. Aber Vito sagte: „Wenn sie lachen, dann erzählst du ihnen, dass das keine Pustel, sondern eine Wunschpocke ist." Ich staunte: „Eine Wunschpocke? Gibt es so was überhaupt?" „Natürlich gibt es das. Aber man muss daran glauben", meinte Vito.

Ich beschloss sofort, daran zu glauben: „Und wie funktioniert so eine Wunschpocke?" Vito musste erst ein bisschen nachdenken, denn er hatte selbst noch keine gehabt. Dann erklärte er: „Man muss die Augen schließen und ganz fest an seinen Wunsch denken. Und man darf den Wunsch niemandem verraten."

Ich probierte es gleich aus. Ich schloss meine Augen und wünschte mir, mit den anderen Engeln auf die Erde fliegen zu dürfen. Dann schlug ich die Augen wieder auf, aber es passierte nichts. „Es funktioniert nicht", sagte ich enttäuscht. „Du bist aber ungeduldig. Das geht doch nicht sofort. Der Wunsch geht erst in Erfüllung, wenn die Pocke ganz verschwunden ist", sagte Vito. In diesem Moment fiel mir ein, dass ich noch einen zweiten Wunsch hatte: „Kann man sich auch zwei Sachen wünschen?" Das wusste Vito nicht so genau: „Keine Ahnung. Versuch's doch einfach." So schloss ich noch einmal die Augen und diesmal wünschte ich mir, dass die Uhr in der Eingangshalle wieder richtig funktioniert. Schließlich war ich schuld daran, dass sie immer noch zehn Minuten nachging.

Ich war noch voll mit der Wünscherei beschäftigt, als draußen auf dem Gang plötzlich Blasius' Stimme zu hören war. Er war wütend. Offenbar ging es um Lucio. „Wie konntest du nur? Du warst bisher doch so ein vernünftiger Engel, Lucio!" Blasius schimpfte so laut, dass mir die Ohren weh taten. Zum Schluss sagte er: „Du hast bis auf weiteres Flugverbot!"

Oje, jetzt hatte Lucio auch Flugverbot. Und schuld daran war eigentlich ich mit meiner Idee, eine Klopapierrollenrohrpostanlage zu bauen. Lucio wollte uns heute ganz viele Klorollen mitbringen. Er hat sämtliche Toiletten dafür abgeklappert. Dabei hat er dann die Himmelsabflugzeit verpasst und ist allein auf der Erde unten geblieben. Sie haben deshalb einen Suchtrupp nach ihm losgeschickt. Es hätte ihm ja etwas passiert sein können.

Lucio war auf einem Bahnhof gelandet. Dort hatte er 52 leere Klorollen gesammelt. Dass er die nicht mitnehmen konnte, war für Lucio das Allerschlimmste. „Nun können wir die Anlage nicht bauen", jammerte er. Aber ich finde es viel schlimmer, dass er jetzt Flugverbot hat. Und alles nur, weil ich mich wegen der Klorollen ein bisschen verrechnet habe. Wir brauchen gar keine 3472 Stück. Es reichen 175 und die hätten wir auch hier im Himmel zusammengekriegt. Wie soll ich das nur wieder gutmachen?

Auf jeden Fall darf Lucio heute von meinem „B" beißen. Heute ist die Nummer 13 dran. Hoffentlich bringt die nicht noch mehr Unglück.

Bis morgen!

Dein

Luis

Himmelspforte, 14. Dezember

Liebe Lina,

als ich am Morgen in den Spiegel geschaut habe, bin ich erschrocken. Meine Wunschpocke war ein bisschen kleiner geworden und hatte sich verfärbt. Gestern noch sah sie eher gelblich aus, jetzt war sie rot geworden. Ich sah aus wie Rudi Rotnase. „Vielleicht ist das doch keine Wunschpocke, sondern nur eine ganz gemeine Hässlich-Mach-Pocke", dachte ich und musste dabei fast weinen.

Auf dem Weg zur Schule jedoch passierte etwas, was mich richtig glücklich machte. Ich begegnete zwei Arbeitsengeln in blauen Latzhosen. Zuerst glaubte ich, sie tragen ein Brett oder einen Balken. Als sie näher kamen, sah ich es dann richtig: Es war der große Zeiger von der Uhr in der Eingangshalle.

Es interessierte mich brennend, was damit los war. „Was ist denn das?", fragte ich scheinheilig. „Das ist der große Zeiger von der Uhr in der Eingangshalle", antwortete einer der Engel: „Der ist aber riesig", sagte ich und tat dabei ganz überrascht: „Was ist denn damit?" „Wir müssen ihn reparieren. Er ist ein bisschen verbogen und deshalb geht die Uhr eine Viertelstunde nach", meinte der andere Arbeitsengel. Und er fügte hinzu: „Deswegen werdet ihr heute eine Viertelstunde früher Schulschluss haben."

Als ich das hörte, flatterte ich vor Freude drei Meter in die Luft und rief: „Juhu, Juhu! Mein Wunsch ist in Erfüllung gegangen!" Die beiden Engel sahen mich verwundert an. Bestimmt dachten sie, dass ich nicht gerne zur Schule gehe. Damit haben sie zum Teil auch Recht, denn an manchen Tagen mag ich wirklich nicht gerne zur Schule gehen, zum Beispiel, wenn wir eine Probe schreiben oder eine Probe zurückbekommen, die nicht gut ausgefallen ist (das kommt bei mir öfter vor). Aber darum ging es jetzt ja nicht. Ich dachte im Moment überhaupt nicht an die Schule und es war mir auch völlig egal, ob wir eine Viertelstunde früher Schulschluss haben würden. Wichtig war nur, dass die Uhr wieder richtig tickte. Und ich freute mich über meine

Pustelnase. Mir machte es gar nichts mehr aus, dass sie so hässlich war und dass sich in der Klasse bestimmt ein paar Engel über sie lustig machten. Denn ich wusste jetzt ganz sicher: „Auf meiner Nase sitzt eine Wunschpocke und sogar eine richtig gute."

Am Nachmittag traf ich mich mit Lucio. Er musste heute mal wieder richtig Harfe üben, aber er spielte nur eine Stunde lang. „Reicht denn das?", fragte ich ihn. „Das reicht. Ich habe ein bisschen schneller geharft als sonst", antwortete er.

Lucio erzählte mir von der Erde. „Die spielen da ganz andere Musik. Die hört sich einfach irre an. Richtig fetzig", sagte er. Dann schleppte er aus seinem Zimmer ein paar Blechbüchsen an. „Und andere Instrumente haben sie auch. Pass auf, das hier nennt sich Schlagzeug." Mit Löffeln und Stiften trommelte er dann wie wild auf den Büchsen herum. Das machte einen wahnsinnigen Krach!

Aber auch Spaß. Ich habe es auch mal probiert. Ich glaube aber, „Stille Nacht" kann man auf so einem Schlagzeug nicht spielen.

Es war also ein schöner Tag für mich. Deshalb schmeckt mir mein „B" heute besonders gut.

> Nun ist schon die „14" dran,
> die knabbere ich jetzt gleich an.

Bis morgen,

Dein

Luis

Himmelspforte, 15. Dezember

Liebe Lina,

das Christkind hat meinen Brief bekommen. Das habe ich jetzt sogar schriftlich. Vito hat mir heute einen Zettel gebracht.

Darauf stand in goldener Schönschrift:

Empfangsbestätigung
Brief von Luis, Weihnachts(b)engel,
Eingegangen am 11. Dezember
Bereits gelesen

Rechts unten war der Stempel vom Christkindbüro und eine Unterschrift. Die Unterschrift konnte ich nicht lesen.

Ich habe noch nie so eine Empfangsbestätigung gesehen. „Kriegen die Kinder auf der Erde auch so was?", fragte ich Vito. Er schüttelte den Kopf: „Nein, die kriegen nur wir. Die ist für die Verwaltung im Himmelsbüro. Falls mal ein Christkindbrief verloren geht oder so. Ich hab auch nicht ganz kapiert, wozu man das braucht", sagte Vito.

Ich hätte Vito umarmen können. Mein Brief war beim Christkind. Das beruhigte mich. Aber ich hatte noch ein paar Fragen. „Meinst du, das Christkind hat den Zettel selbst geschrieben?" Vito sah sich die Empfangsbestätigung noch einmal an. „Nein, glaub ich nicht", sagte er. „Die Unterschrift beginnt doch mit einem ‚K' und nicht mit ‚C'." Ich sagte darauf: „Vielleicht hat es erst schreiben gelernt und schreibt Christkind noch mit ‚K'." Vito sah mich scharf an. „Auch wenn es erst schreiben gelernt hat, wird es wohl seinen Namen richtig schreiben können. Außerdem ist der letzte Buchstabe ganz klar ein ‚b' und kein ‚d'."

Ich dachte ein bisschen nach. „Du hast Recht, Vito. Den Zettel hat bestimmt ein Angestellter im Christkindbüro geschrieben. Das Christkind hat dafür momentan ja gar keine Zeit und außerdem schreibt es bestimmt viel netter." Ich stellte mir vor, was das Christkind schreiben würde.

Bestimmt würde es den Brief statt mit „Empfangsbestätigung" mit „Lieber Luis" anfangen. Und dann würde es weitergehen mit: „Danke für Deinen Brief. Ich habe mich riesig darüber gefreut. Zur Zeit bin ich sehr im Stress – wegen der vielen Christkindbriefe. Und außerdem habe ich mir einen kleinen Schnupfen eingefangen. Aber ich denke an Dich. Ich hoffe, dass ich Deinen Wunsch erfüllen kann. Bis bald, Dein Christkind."

Ich war ganz in meinen Gedanken an den Brief versunken, als Vito plötzlich sagte. „Ich glaube, das Christkind ist gar nicht so ernst. Es kann bestimmt sehr lustig sein. Man kann schließlich ein lieber und guter Kerl sein, auch wenn man manchmal ein bisschen frech ist und Spaß haben will."

Der Meinung war ich auch. Vito und ich setzten uns dann auf mein Bett und überlegten, wie das Christkind noch sein könnte. Isst es gerne Spaghetti oder lieber Knödel? Baut es mit Legosteinen oder spielt es mit Puppen? Sieht es im Fernsehen gerne Tiersendungen oder lieber Zeichentrickserien? Hört es lieber Harfenmusik oder mag es auch Schlagzeug? Obwohl wir Engel sind, wissen wir so wenig über das Christkind. Vito und ich hätten deshalb unendlich so weitermachen können, aber dann klingelte die Abendglocke.

Aber wenn ich dann im Bett liege, werde ich nochmals über das Christkind nachdenken. Ich glaube, es isst gerne Knödel, spielt mit Legosteinen, sieht lieber Tiersendungen und es mag auch Schlagzeug. Und es hat bestimmt auch einen Adventskalender.

> Dort kommt heut' die „15" dran.
> Morgen muss die „16" ran.

Bis morgen,

Dein

Luis

Himmelspforte, 16. Dezember

Liebe Lina,

ich fange diesmal verkehrt herum an. Ich esse jetzt gleich die Nummer 16 von meinem Adventskalender. Mmmh, lecker! Und erst danach fange ich zu schreiben an. Ich habe dafür heute ganz viel Zeit, denn ich muss mich wach halten. Ich muss nämlich bis Mitternacht aufbleiben. Vito, Lucio und ich haben beschlossen, einen Club zu gründen, den 1. MBC. MBC ist die Abkürzung für „Mitternachts-Bengel-Club".

Wenn die Glocke dann zwölf Uhr schlägt, wollen wir uns die Hände reichen und ewige Freundschaft schwören. Wir haben uns einen Spruch ausgedacht, den wir dabei aufsagen müssen: „Wir sind Freunde und halten fest zusammen. Wir sind Freunde und helfen uns in der Not. Wir bleiben Freunde für immer und ewig."

Danach wollen wir unsere Nikolaussäckchen leeren und das, was wir noch haben, miteinander verspeisen. Oh Gott, bin ich aufgeregt!

Vito hat sich eine Mutprobe für uns ausgedacht. Er will, dass wir in der Nacht in den ersten Stock hinunterschleichen. Dort ist das Schlafzimmer von Blasius. Vor die Zimmertür wollen wir dann einen Zettel legen. Darauf steht:

„Lieber Blasius! Sei nicht so streng mit den Engelkindern. Es ist doch Adventszeit."

Und darunter haben wir mit SIUL, OTIV und OICUL unterschrieben. Das sind unsere Namen, rückwärts geschrieben.

Die Idee mit der Geheimschrift stammt von Vito. Er hat sie von der Erde mitgebracht. „Das machen dort manche Kinder. Und es macht ihnen ganz viel Spaß", hat er erzählt. Mir gefallen solche Sachen auch sehr gut. Ich finde das sogar spannender als am Computer zu spielen. Ich verstehe gar nicht, dass man solche wichtigen Dinge nicht in der Schule lernt. Vielleicht ist es für die Lehrer einfach zu anstrengend, wenn sie die Aufsätze rückwärts lesen müssen.

SIB NEGROM

NIED SIUL

LEGNESTHCANHIEW

Himmelspforte, 17. Dezember

Liebe Lina,

heute bin ich schrecklich müde. Als der Wecker klingelte, dachte ich: „Der muss kaputt sein. Ich habe doch erst eine Stunde geschlafen." Dabei war es wirklich schon dreiviertel sieben. Vito und Lucio ging es genauso. Wegen der Gründung unseres „Mitternachts-(B)engel-Clubs" sind wir erst um zwei Uhr ins Bett gekommen.

Vito und Lucio haben mich zum Vorsitzenden gewählt. Jetzt bin ich so etwas wie ein Häuptling – der Häuptling der (B)engel. Und dann haben wir alles gemacht, was wir geplant hatten. Die Feier fiel leider nur klein aus. Unsere Nikolaussäckchen waren schon ziemlich leer. Süßes war fast gar nicht mehr drin. Lucio hatte sogar nur noch zwei Nüsse übrig. „Du Mampfsack", hat Vito zu ihm gesagt.

Dann war die Sache mit dem Zettel für Blasius dran. Ich bekam dann doch ein bisschen Angst, dass er rausbekommt, von wem er ist. „Dann gibt's wieder Ärger", dachte ich. Deshalb habe ich den Brief nochmals umgeschrieben. Statt „Sei nicht so streng mit den Engelkindern!" stand nur „Lieber Blasius, wir wünschen Dir eine schöne Adventszeit!" darauf. Und unsere Geheimunterschriften standen darunter.

Es war stockdunkel, als wir uns auf den Weg durchs Treppenhaus in den ersten Stock zu Blasius' Schlafzimmer machten. Weil ich der Vorsitzende war, musste ich vorausgehen. Vito und Lucio folgten mir wie zwei kleine Watschelenten, die ihrer Mama hinterherlaufen. Blasius' Zimmer liegt am Ende eines langen Ganges. Und bis man dahin kommt, muss man an den Zimmern aller anderen großen Engel vorbei. „Und wenn einer von denen aufwacht?", flüsterte Vito. „Dann werde ich so tun, als ob ich schlafwandele und ihr müsst so tun, als ob ihr mir folgen würdet, um mich zu beschützen", sagte ich. Ich war stolz auf diesen Einfall und tat ganz cool. Aber in Wirklichkeit hätte ich mir fast ins Hemd gemacht.

Besonders gruselig waren die vielen Geräusche. Warum hört man die eigentlich nur nachts? Ständig raschelte und knisterte es. Als wir ungefähr in der Mitte des Ganges waren, knackte es einmal ganz laut – direkt über unseren Köpfen. Am liebsten wären wir laut schreiend davon gerannt. Das haben wir aber nicht getan.

Wir sind stattdessen so schnell wir konnten bis zum Ende des Ganges zu Blasius' Zimmer gelaufen, um die Sache hinter uns zu bringen. Dort lauschten wir zuerst an der Tür. Blasius hat ganz laut geschnarcht. „Meine armen Musikerohren", sagte Lucio. Wir haben unseren Brief vor die Tür gelegt und sind dann schnell zurück in unsere Zimmer. Für den Rückweg haben wir nur zehn Sekunden gebraucht.

Im Nachhinein war es echt eine Supersache. Übrigens auch für Blasius. Er hatte den ganzen Tag gute Laune.

Und jetzt zum letzten Teil für heute:

> Die 16 hab' ich schon im Bauch,
> nun futtere ich die 17 auch.

Bis morgen

Dein *Luis*

Himmelspforte, 18. Dezember

Liebe Lina,

im Moment sitze ich sehr ungemütlich, nämlich auf einem Stapel Bücher.

Die Bücher brauche ich, um damit Klopapierrollen zu pressen. Vito, Lucio und ich haben beschlossen, nun doch keine Rohrpostanlage zu bauen. Uns ist die Lust darauf vergangen, seit Lucio wegen der Rollen Flugverbot bekommen hat. Wir wollen jetzt Weihnachtsschmuck daraus basteln. Leider ist das nicht so einfach. Wir haben die Rollen der Länge nach aufgeschnitten, aber sie kringeln sich immer wieder zusammen. Deshalb muss ich sie platt sitzen. Später wollen wir aus dem Karton Weihnachtssterne ausschneiden und sie mit Goldfolie bekleben.

Aber von vorne. Am besten, ich beginne mit heute morgen. Da lag im Speisesaal, in dem wir Engelkinder miteinander essen, ein Tannenbaum. Ein paar Engel hatten ihn nachts von der Erde mitgebracht. Er ist riesig groß.

Vito sagte: „In eine Menschenwohnung würde der gar nicht passen." Bisher habe ich in meinem ganzen Engelleben noch keinen so schönen Tannenbaum gesehen. Naja, ich habe ja überhaupt noch keinen gesehen, jedenfalls keinen echten. Auf der Erde war ich noch nicht und bei uns im Himmel hatten wir bisher noch keinen Weihnachtsbaum.

Auch die kleinen Engelkinder waren von dem Baum begeistert. Sie rochen an den Zweigen und fassten sie immer wieder an. Sie fanden es lustig, dass die Tannennadeln stechen konnten. „Vorsicht, der Baum beißt", sagte ein Kleines. Aber der Spaß war gleich vorbei, weil Blasius auftauchte. Er hatte schlechte Laune. Das sah man an seiner Glatze. Die glänzte rot. Und das ist immer ein schlechtes Zeichen.

„Glaubt ja nicht, dass wir den Baum behalten. Wir sind Engel und machen nicht alles einfach nach, was die da unten auf der Erde machen", schimpfte er. „Fehlte nur noch, dass ihr in die Himmelswolken blinkende Lichterketten hängt. Weg mit dem Baum."
Die Kleinen machten traurige Gesichter und eines fing sogar zu weinen an. Da bin ich nach vorne vor Blasius

getreten. Ich weiß gar nicht, wieso ich mich das getraut habe. Ich habe ihm ins Gesicht gesehen und ganz fest gesagt: „Wir würden den Baum aber so gerne behalten!" Und plötzlich haben alle Engelkinder geschrieen: „Ja wir wollen ihn behalten, wir wollen ihn behalten!" Das war der lauteste Engelschor, den es je gegeben hat. Blasius ist ganz blass geworden. Mit unserem Widerstand hatte er nicht gerechnet. Er konnte nichts mehr darauf sagen. „Diese Jugend heutzutage", hat er gebrummt und ist dann gegangen.

Aber das Tollste kommt jetzt noch. Wir haben keinen Weihnachtsschmuck, deshalb wird jedes Engelkind etwas basteln. Sogar die Jugendlichen aus dem vierten Stock wollen mitmachen, obwohl die bei solchen Sachen immer sagen: „Das ist doch Babykram."

Oh, wie ich mich auf unseren Baum freue. Ich könnte glatt einen Looping machen, obwohl ich schon so müde bin!

Bis morgen!

Dein *Luis*

PS: Die Nummer 18 hätte ich fast vergessen.

Himmelspforte, 19. Dezember

Liebe Lina,

meine Wunschpustel ist wieder kleiner geworden. Ich hoffe, dass sie noch funktioniert. Denn ich brauche sie mehr denn je, nach allem, was heute passiert ist.

Dabei fing dieser Tag gut an. Wir hatten keine Schule. Stattdessen mussten wir helfen, die Pakete für die Menschenkinder fertig zu machen. Vito und ich wurden für die Abteilung „Endverpackung" eingeteilt. Vito musste Geschenkanhänger aufkleben, ich Schleifen binden. Anfangs hat uns das großen Spaß gemacht. Wir bewunderten das schöne Geschenkpapier mit seinen vielen verschiedenen Mustern. Aber nachdem wir das 427. Paket bearbeitet hatten, verloren wir die Lust an der Verpackerei und wir wollten ein bisschen Blödsinn machen.

Vito fing damit an. Er klebte mir einen Geschenkanhänger ans Ohr und sagte: „Wünscht sich zufällig jemand einen Weihnachts(b)engel? Wir haben hier ein besonders schönes Stück." Daraufhin nahm ich ein Stück Goldband und machte Vito eine dicke Schleife ins Haar. Dabei hat mich einer der großen Engel gesehen. „Hast du nichts Besseres zu tun?", fragte er mich. „Ich kann hier niemanden gebrauchen, der Quatsch macht."

Zur Strafe wurde ich ins Kartonlager geschickt. Dort ist es ziemlich langweilig. Es gibt kein buntes Geschenkpapier, über das man sich freuen kann, sondern nur leere, graue Kartons. Die Kartons werden für Geschenke gebraucht, die sich nicht so einfach in Papier wickeln lassen. Mein erster Auftrag war es, eine passende Geschenkkiste für ein Saxophon zu suchen.

Ich schaute sämtliche Regale im Kartonlager durch, bis ich in der dritten Regalreihe von oben eine geeignete Schachtel entdeckte. Eigentlich hätte ich hochfliegen müssen, um sie aus dem Regal zu nehmen. Aber ich war etwas faul (Fliegen ist nämlich anstrengend). Deshalb versuchte ich, den Karton auf Zehenspitzen stehend herauszuziehen. Was dann passierte, kann ich nicht genau sagen. Jedenfalls war es schrecklich.

Die Schachtel fiel herunter, stülpte sich über meinen Kopf und rutschte über meinen Oberkörper. Dabei verklemmte sie sich so unglücklich mit meinem rechten Flügel, dass ich sie nicht mehr herunterziehen konnte. Ich saß darin bis zum Bauchnabel fest. „Hilfe, Hilfe, eine Kiste hat mich gefangen!", rief ich verzweifelt, aber niemand hörte mich.

Das Schlimmste war, ich konnte in der Kiste kaum etwas sehen außer meinen Beinen und einem Stück Fußboden. Blind und mit einem riesigen Pappkarton auf dem Kopf tappte ich im Lager umher. Irgendwie muss ich dann den Weg aus dem Lagerraum hinaus auf den Gang gefunden haben, denn auf einmal hörte ich zwei Engel schreien. „Aaaaaaaaaaaaahhh! Ein Gespenst!" Ich rief ihnen hinterher: „So helft mir doch!" Aber sie hatten zu große Angst vor mir.

So irrte ich weiter hilflos umher, bis mich eine Stimme ansprach, die ich sofort erkannte. Es war die Stimme von Blasius, und sie klang gar nicht lustig.

„Was haben wir denn da? Ein Kartonmonster", sagte er und riss mir mit einem Ruck die Schachtel vom Körper. „Aua!", schrie ich, weil mir das an meinem verklemmten

Flügel weh tat. Aber das interessierte Blasius gar nicht: „Luis, du schon wieder? Musst du denn immer Ärger machen?", sagte er. Er schickte mich auf mein Zimmer wo ich den ganzen Nachmittag über bleiben musste.

Jetzt bin ich richtig verzweifelt. Ich glaube nicht, dass ich an Heiligabend noch fliegen darf. Da müsste schon ein Wunder geschehen. Mag jemand die 19 von meinem Adventskalender? Sie schmeckt mir heute nicht.

Bis morgen,

Dein

Luis

Himmelspforte, 20. Dezember

Liebe Lina,

heute hatten wir Chorprobe. „Oje", dachte ich, weil ich die Singerei gar nicht gerne mag. Ich singe nämlich immer ein bisschen an den Tönen vorbei. Magnus, unser Chorleiter, ist deshalb sehr unzufrieden mit mir. Ständig hat er was auszusetzen an mir. Mal sagt er: „Luis, du bist zu hoch!" Und wenn ich mit der Stimme tiefer gehe, meint er: „Luis, du brummst wie ein alter Lastwagen!"

Manchmal kenne ich mich gar nicht mehr aus. Ich singe und brumme deshalb nur noch ganz leise mit. Oder ich bewege bloß die Lippen und tu so, als ob ich mitmachen würde. Aber Spaß macht mir das natürlich nicht.

Heute war die Chorprobe aber echt lustig. Es war jemand dabei, der singt noch schlechter als ich. Und das war der Papagei. Laurenzius, einer der Engel von der

Schreinerei, brachte den Vogel, als wir gerade dabei waren, „Stille Nacht" einzuüben.

„Was, der soll mitsingen?", fragte Magnus entsetzt. Laurenzius schüttelte den Kopf. „Nicht mitsingen, aber er soll zuhören, damit er endlich was Gescheites lernt", sagte er. „Das ist eine Anweisung von Blasius höchstpersönlich."

Blasius will, dass der Papagei dem Engelschor zuhört? Wir konnten das gar nicht recht fassen. „Er soll wieder zurück auf die Erde", sagte Laurenzius. „Da hat sich jemand einen sprechenden Papagei zu Weihnachten gewünscht." Das war für Blasius natürlich die Gelegenheit, den Vogel wieder loszuwerden.

Normalerweise bringen wir Weihnachtsengel keine lebenden Tiere. Unser Lehrer in Engels- und Himmelskunde hat uns schon einmal erklärt, warum das nicht geht. Er hat gesagt, dass die Menschen nicht immer liebevoll mit den Tieren umgehen. Manchmal würden die Tiere gleich nach Weihnachten einfach vor die Tür gesetzt oder ins Tierheim gebracht. Ich kann so etwas gar nicht verstehen und hoffe nur, dass es dem Papagei dann nicht auch so ergeht.

Zurück zur Chorprobe. Sie hat dem Papagei gefallen. Er hat fast die ganze Zeit aufmerksam zugehört und nur ganz wenig gestört. Ich glaube, er mag Musik, vielleicht ist er ja sogar selbst musikalisch.

Jedenfalls hat er die ganze Zeit zu unseren Liedern mit dem Kopf im Takt genickt. Besonders gut hat ihm „Ihr Kinderlein kommet" gefallen. Da hat er ein paar Mal mittendrin ganz laut „Bravo" gerufen.

Den Nachmittag habe ich zusammen mit Lucio verbracht. Wir haben Sterne für unseren Tannenbaum gebastelt. Danach haben wir wieder Karten gespielt. Lucio hat schon wieder gewonnen. Ich glaube fast, er schummelt immer ein bisschen.
Na ja, was soll's. Schließlich habe ich ihn mit meinen Bengeleien angesteckt. Außerdem bin ich schuld an seinem Flugverbot.

Apropos Flugverbot: Ich glaube, ich muss meine Wunschpocke noch etwas strapazieren und wünsche mir zusätzlich, dass Lucio an Heiligabend auch wieder fliegen darf. Hoffentlich geht das noch.

Und nun wird geschmaust. Die Nummer 19 und die Nummer 20 darf ich heute niedermachen.

Bis morgen,

Dein

Luis

Himmelspforte, 21. Dezember

Liebe Lina,

bei uns laufen die Vorbereitungen für Weihnachten jetzt auf Hochtouren. Es sind nur noch drei Tage bis zum Fest und wir haben erst knapp ein Drittel der Geschenke verpackt.

Blasius ist sehr nervös. „Ojeoje, hoffentlich schaffen wir das überhaupt noch rechtzeitig", jammert er ständig. Das nervt, denn es sind ohnehin alle Engel im Einsatz. Selbst die Flüge zur Erde sind zur Zeit gestoppt. Nur einmal in den frühen Morgenstunden wird eine kleine Fliegertruppe zur Bodenkontrolle losgeschickt, um die letzten Christkindbriefe zu holen. Aber damit ist ab morgen auch Schluss.

Wir Engelkinder müssen tüchtig mitarbeiten. Vito, Lucio und ich waren heute an getrennten Einsatzstellen tätig. Lucio war in der Schleifenbinderei und Vito in der Geschenke-Endabnahme. In der Endabnahme werden die fertigen Pakete noch einmal daraufhin überprüft, ob die Schleife schön sitzt, ob die Schachtel sauber verpackt ist und ob die Beschriftung stimmt.

Vito ist gerne in der Endabnahme. Er sagt: „Das ist Detektivarbeit." Sein tollster Fall war eine Verwechslung. An einem Hundeknochen hing ein Geschenkkärtchen, auf dem stand: „Für den lieben Opa." Dabei sollte der Opa eine Flasche Eierlikör bekommen. Aber an der Flasche klebte ein Zettel mit der Aufschrift „Für Fiffi".

Ich war beim Hol- und Bringdienst. Die Aufgabe des Hol- und Bringdienstes ist es, die Geschenke von den Werkstätten abzuholen und sie zur Verpackungsabteilung zu liefern. Das Tolle daran ist, man darf mit einem Mini-Express durch die Gänge und über die Himmelswege fahren. Der Mini-Express besteht aus zehn kleinen Wagen zum Beladen mit den Geschenken und wird von einem Minitraktor gezogen. Den Minitraktor lenkt normalerweise ein großer Engel, aber wir durften bei den Fahrten abwechselnd auf dessen Schoß sitzen und das Lenkrad steuern.

Die Arbeit war weniger toll. Sie war sehr anstrengend und ich glaube, meine Arme sind zehn Zentimeter länger geworden, weil ich so viele Geschenke geschleppt habe. Wir sind sämtliche Abteilungen abgefahren, zuerst die Schreinerei. Dort holten wir Holzspielsachen und Möbel. Dann ging es weiter in die Elektronikabteilung. Wir haben sechs Wagen nur mit Computern, Computerspielen und anderem Technikzeugs beladen. „Spielen denn die Menschenkinder gar nichts anderes als Computer?", hat der große Engel gefragt.

Fast genauso schlimm war die Packerei in der Himmelsschneiderei. Die Schneiderengel hatten Stapel von Hosen, Kleidern, T-Shirts, Mänteln, Jacken, Unterhosen, Babysöckchen und ich weiß nicht was noch alles für uns vorbereitet. An sich wäre das recht langweilig gewesen, aber da war so ein komisches Teil, das an meinem Flügel hängen geblieben ist. Es war weiß mit rosa Spitzenrüschen und hatte zwei komische Beulen. Und alle haben darüber gelacht.

„Weißt du denn nicht, was das ist?", hat mich ein älteres Engelkind gefragt. „Das ist ein BH. Das tragen

Menschenfrauen." Ich habe nur den Kopf geschüttelt. Woher soll ich das auch wissen? Ich habe den BH auf dem Rückweg zur Verpackungsabteilung dann als Fahne benutzt. Er flatterte so lustig im Fahrtwind von unserem Mini-Express. Ich hoffe, die Menschenfrauen sind mir deswegen nicht böse.

Jetzt bin ich aber ordentlich müde. Morgen geht die Plackerei noch einmal weiter. Aber danach nicht mehr lange. Denn es ist schon der 21., wie ich an meinem Adventskalender sehe.

Also dann,

Dein total müder

Luis

Himmelspforte, 22. Dezember

Liebe Lina,

ich hoffe, bei Euch auf der Erde ist es vor Weihnachten nicht so stressig wie bei uns im Himmel. Es geht jetzt drunter und drüber. Wir müssen sogar Sonderschichten einlegen und sind heute schon um 5 Uhr aufgestanden.

Vito und ich waren zusammen in der Geschenke-Endkontrolle. Klingt komisch, oder? Und war es ehrlich gesagt auch. Zu Beginn der Arbeit bekam jeder einen Stapel Blätter. Auf den Blättern waren zwei Spalten eingezeichnet. In der linken Spalte war jeweils die Bezeichnung für ein Geschenk eingetragen, zum Beispiel „Zicke, zacke, Hühnerkacke-Spiel". In der rechten Spalte stand Max Grüner, Stadtamhof 4, Regensburg. Max Grüner ist das Kind, das das Spiel bekommen soll. Mit diesen Listen mussten wir alle fertig verpackten Geschenke überprüfen und kontrollieren, ob die Lieferadresse stimmt.

„Was für eine langweilige Aufgabe", dachte ich und dabei musste man sich auch noch himmlisch gut konzentrieren. „Passt ja gut auf. Da kann leicht mal ein Fehler passieren", warnte uns der große Engel von der Endkontrolle. Vito und ich gaben uns die allergrößte Mühe und wir haben kein bisschen Unsinn gemacht. Deshalb konnten wir überhaupt nicht verstehen, wieso plötzlich 127 Päckchen dastanden, von denen keiner wusste, wer sie an Heiligabend bekommen soll.

„Das darf doch nicht wahr sein", sagte Vito. In den Päckchen waren die tollsten Sachen: Eine Eisenbahn, eine sprechende Puppe, eine Spieluhr, der Experimentierkasten, den ich mir auch gewünscht hatte und viele andere schöne Dinge. Aber auf keiner unserer Listen stand, wer sich das gewünscht hatte. „Das ist ja wirklich eine Bescherung", sagte ich. Ich stellte mir vor, dass nun an Heiligabend 127 Kinder traurig in ihren Wohnzimmern sitzen würden und vergeblich auf ihr Geschenk warteten.
Und das nur, weil wir im Himmel die Lieferadresse verschlampt haben. Mir kamen bei dem Gedanken die Tränen.

„Und die zweite Bescherung wird sein, dass wir Ärger mit Blasius bekommen. Der glaubt bestimmt, dass das unsere Schuld war", sagte Vito. Wir beschlossen deshalb, die Sache vorerst für uns zu behalten und machten ganz normal mit der Arbeit weiter. Es gab ja noch so viele andere Pakete und Adressen zu überprüfen. Doch in meinem Kopf ratterte es unterdessen pausenlos. Ich war fest entschlossen, das Problem zu lösen.

„Du Vito, sind die Lieferadressen eventuell im Computer gespeichert?", fragte ich. Aber Vito schüttelte den Kopf. „Die Listen machen die großen Engel. Die arbeiten nicht mit Computer. Die sind altmodisch und machen das lieber mit der Hand", sagte er.

In dem Moment fielen mir die Wunschzettel ein. „Vito, ich weiß, wer die Adressen gespeichert hat", rief ich. „Das Christkind muss sie haben. Es nimmt doch alle Wunschzettel entgegen und trägt die Wünsche in sein Goldenes Buch ein." Vito schaute mich an: „Hey Luis, du Superhirn. Aber wie willst du an das Goldene Buch herankommen?"

„Na, ich werde dem Christkind schreiben und ihm das Problem erklären", sagte ich. Ich fing gleich damit an, einen Brief zu verfassen. Bei der Gelegenheit fügte ich noch einen persönlichen Wunsch dazu: „Mach bitte, dass Lucios Flugverbot aufgehoben wird", schrieb ich. Auf den Umschlag malte ich in großen, roten Buchstaben: DRINGEND!!! EILSTUFE EINS!!

Vito brachte den Brief dann zur Rohrpost. Er weiß inzwischen, was man tun muss, damit er wirklich im Christkindbüro ankommt. Bisher haben wir aber noch keine Antwort erhalten. Und dabei sind es nur noch zwei Tage, oje!

Bis morgen,

Dein

Luis

Himmelspforte, 23. Dezember

Liebe Lina,

ich bin total k.o. Gestern haben wir bis ein Uhr nachts gearbeitet und heute auch nochmals den halben Nachmittag. Bei dem Stress habe ich gestern glatt die Nummer 22 von meinem Adventskalender vergessen. Das hole ich jetzt nach. Und die Nummer 23 mampfe ich auch gleich mit weg. Ich finde, ich habe mir eine doppelte Portion verdient.

Vito und ich haben heute nochmal in der Geschenke-Endkontrolle gearbeitet. Wir haben sämtliche Pakete überprüft und mit ihren Lieferadressen verglichen. Zum Schluss konnte ich keine Weihnachtspakete mehr sehen. Mir war richtig schwindelig und die Muster der verschiedenen Geschenkpapiere tanzten vor meinen Augen. Danach haben wir dann noch geholfen, die Pakete für den Transport zu stapeln.

Kurz vor 16 Uhr waren wir fertig. Alle Geschenke waren ansprechend verpackt, mit Lieferadresse versehen und bereit zur Auslieferung – bis auf zwei Ausnahmen. Die eine war der Papagei. Der Vogel wird erst morgen kurz vor dem Abflug zur Bescherung versandfertig hergerichtet. Vito meinte: „Dem binden wir dann schnell noch ein kleines Schleifchen ans Bein."

Die andere Ausnahme waren die 127 Pakete ohne Lieferanschrift. Sie standen immer noch in der Geschenke-Endkontrolle und wir wussten nicht, was wir damit machen sollten. Das Christkind hatte auf mein Schreiben nicht geantwortet. Ich war deshalb richtig niedergeschlagen. „Ich werde es Blasius sagen", sagte ich schließlich. „Mir kann sowieso nicht mehr viel passieren. Ich hab' ja schon Flugverbot."

Aber komischerweise verfärbte sich Blasius' Glatze kein bisschen rot. Im Gegenteil, er war recht freundlich zu mir: „Du brauchst dir keine Sorgen wegen der 127 Pakete zu machen, Luis. Das geht schon klar."

Vito konnte das gar nicht fassen. „Blasius ist nicht wütend geworden? Das gibt's nicht. Da ist doch was oberfaul", sagte er. Das dachte ich mir auch. Aber ich war einfach zu müde, um mir weiter Gedanken darüber zu machen.

Wir sind dann so wie alle anderen zur Weihnachtsfeier gegangen. Die findet immer am 23. Dezember statt, wenn wir mit allen Vorbereitungen fertig sind. Es war sehr schön. Ein paar aus meiner Klasse haben ein Hirtenspiel aufgeführt und Lucio hat wunderbar dazu geharft. Dann haben wir alle Weihnachtslieder gesungen (der Papagei auch. Am Anfang hat der Papagei ganz brav mitgesungen. Aber später hat er damit angefangen, alte Piratenlieder zu krächzen. Keine Ahnung, wo er die herhatte), wir haben Glühwein getrunken und Plätzchen gefuttert.

Morgen früh werden wir dann unseren Weihnachtsbaum schmücken. Und ich werde vorher noch ein Geschenk für Vito und Lucio fertig machen. Vito bekommt ein Vergrößerungsglas und Lucio eine Kassette mit Schlagzeugmusik.

Oh mein Gott, jetzt fällt es mir ein. Was waren wir aber auch blöd. Die 127 Pakete – die sind natürlich für uns selbst. Da waren ja auch die Magnetsticks dabei, die ich gerne haben wollte.

Das Christkind hat meinen Wunsch erfüllt. Ob ich vielleicht doch noch fliegen darf? Ich bin jetzt so aufgeregt. Und dabei muss ich nun unbedingt schlafen.

Bis morgen!

Dein

Luis

PS: Hoffentlich kann ich den Brief morgen selbst vorbeibringen.

Himmelspforte, 24. Dezember

Liebe Lina,

was bin ich glücklich! Mein größter Wunsch ist in Erfüllung gegangen. Denn diesen Brief hier habe ich Dir höchstpersönlich vorbeigebracht. Ich bin ein Weihnachtsengel. Ich bin *Dein* Weihnachtsengel.

Doch vielleicht willst Du noch wissen, wie es dazu gekommen ist. Also, das war so:
Heute morgen, ich lag noch im Bett, da ging plötzlich die Tür auf. Es war Blasius. Ich dachte: „Was hab' ich denn nun schon wieder angestellt?" Aber Blasius sagte nur: „Du hast Post bekommen, Luis." Dann überreichte er mir ein goldenes Kuvert. Es war ein Brief vom Christkind. Hastig riss ich den Umschlag auf und las:

Himmel, am 24. Dezember

Lieber Luis,

vielen Dank für Deinen Brief. Ich habe mich sehr darüber gefreut. Ich habe Deine Wünsche aufmerksam gelesen und Dich in den letzten Tagen und Wochen aufmerksam beobachtet. Natürlich weiß ich, was Du alles angestellt hast und ich kenne auch Deine verbotenen Briefe an das Menschenkind. Aber ich muss sagen, Du hast mir und auch einigen anderen hier im Himmel mit Deinen Bengeleien viel Spaß bereitet. Ich bin nämlich gar nicht so ernst wie die meisten denken. Auch hast Du den Menschenkindern mit Deinen Geschichten viel Freude bereitet. Und Du hast dafür gesorgt, dass einige Menschenkinder, die gar nicht mehr an mich glauben wollten, nun doch wieder an das Christkind denken. Dafür danke ich Dir.

Und ich werde Deine Wünsche erfüllen. Du und auch Lucio, Ihr werdet heute Abend mit dabei sein, wenn die Weihnachtsengel zur Erde fliegen. Außerdem werde ich Dich nach Weihnachten einmal zu mir einladen.

Viele Grüße

Dein Christkind

PS: Ich esse lieber Spaghetti, lese gerne Bücher, mag aber auch Tiersendungen, spiele gerne Karten und höre lieber Geige, Cello und Harfe als Schlagzeug.

Ich habe ich mich so gefreut. Ich bin meterhoch gesprungen. Beinahe hätte ich sogar Blasius umarmt und ihm einen Kuss gegeben. Aber der sagte zu mir: „Du musst dich fertig machen für die Erdenreise, Luis."

Ich habe also keine Zeit mehr, Dir noch mehr Zeilen zu schreiben, aber das Wichtigste ist ja erzählt.

Und jetzt wünsche ich Dir und Deiner Familie ein frohes Fest!

Dein

Luis

Echter Weihnachtsengel

Christine Willfurth versorgt Woche für Woche Tausende von kleinen Zeitungs- und Zeitschriftenleser mit witzigen, interessanten und spannenden Geschichten aus der wahren Welt und aus dem Reich der Phantasie. Als erfahrene Autorin ihrer eigenen Agentur für Kinderseiten weiß die Diplom-Sozialpädagogin, gelernte Journalistin und Mutter genau, was sehr junge Leser wollen.

Christine Willfurth lebt mit ihrem Mann und zwei Töchtern in Weiden in der Oberpfalz.

Christine Pausch studierte an der Deutschen Meisterschule für Mode Grafikdesign und Modegrafik. Seit 1998 ist sie als Illustratorin und Grafik-Designerin selbständig und erstellt unter anderem in der gemeinsamen Agentur mit Christine Willfurth Kinder- und Jugendseiten für Tageszeitungen und Zeitschriften.

Christine Pausch lebt und arbeitet in Floß in der Oberpfalz.